Nadin Schäfer, Prof. Dr. Thoma

Spam und sein rechtlicher Hintergrund - Spam and the

I0013315

Nadin Schäfer, Prof. Dr. Thoma

Spam und sein rechtlicher Hintergrund - Spam and the juridical background

GRIN Verlag

Bibliografische Information der Deutschen Nationalbibliothek: Die Deutsche Bibliothek verzeichnet diese Publikation in der Deutschen Nationalbibliografie; detaillierte bibliografische Daten sind im Internet über http://dnb.d-nb.de/ abrufbar.

1. Auflage 2005
Copyright © 2005 GRIN Verlag
http://www.grin.com/
Druck und Bindung: Books on Demand GmbH, Norderstedt Germany
ISBN 978-3-638-65907-9

Ergänzungsfach: Ecommerce

Fachbereich Wirtschaft

Spam und dessen rechtlicher Hintergrund

Tag der Abgabe: 29.06.2005

Tag des mündlichen Vortrags: 29.06.2005

Fachhochschule Eberswalde

Fachbereich Betriebswirtschaftslehre

6.Semester

Studienschwerpunkt Controlling

Fachhochschule
Eberswalde

Inhaltsverzeichnis

A Wissenswertes über Spam

1. Was ist Spam?

Unter Spam versteht man unverlangt zugestellte E-Mails. Diese Definition wurde durch die der Kommission der europäischen Gemeinschaften gegeben. . Der Name "Spam" ist dem Dosenfleisch SPAM (Spiced Porc and Ham) der Firma Hormel Foods entliehen. Erstmals trat Spam in Form von Emails oder Beiträgen (Postings) im Usenet auf. Bei Emails spricht man auch Junk Mails ("Junk" = wertloser Mist), denn diese Nachrichten haben in der Regel nur geringen inhaltlichen oder ästhetischen Wert.[1] Spam als E-Mail unterscheidet man in zwei Arten:

1.1 Unsolicited Commercial Email (UCE)

Von Unsolicited Commercial Email spricht man, wenn die Email eine unverlangte kommerzielle Werbung darstellt.[2]

1.2 Unsolicited Bulk Email (UBE)

Von Unsolicited Bulk Email spricht man, wenn die Email eine unverlangte Massenmail darstellt Junk Mail oder Massenmails sind z.B Kettenbriefe, Pyramidenspiele, Strukturvertrieb inklusive Multilevel Marketing (MLM),andere "Werden Sie schnell reich"-Systeme. , Werbung für Pornografie oder Angebote für das Versenden von UCE oder auch Massenaussendungen, die Würmer und Trojaner erzeugen.[3]

2. Warum ist Spam ein Problem?

Die Gefahr von Werbe-Emails besteht gerade darin, dass eine nicht kontrollierbare Anzahl von Personen Emails an eine (unüberschaubare) Zahl von Empfängern sendet, was im Zusammenwirken zu den Beeinträchtigungen der Empfänger führt. Das Versenden von Nachrichten in großer Menge wurde einfach und billig und dadurch zu einem ernsthaften Problem. Das Problem äußert sich dadurch eine steigende Netzlast, die heute doch noch sehr begrenzt vorhanden ist und eine Belastung für den Empfänger. Denn das Aussortieren der Werbung verursacht überflüssige Arbeit, und wer seine Email per Modem herunterlädt, zahlt dafür auch noch Verbindungsgebühren.[4]

---

[1] http://www.teltarif.de
[2] Vortrag von Achim Wehrmann für die deutsche Telekom
[3] Ebd
4 http://www.einslive.de/

3. Woher bekommen Spammer ihre Adressen?

Die Hauptquelle für Spammer ist wohl nach wie vor das Usenet (Newsgroups). Automatische werden Newsgroups nach Adressen gescannt. Diese Technik wurde inzwischen auch auf ganz normale Webseiten ausgeweitet. Eine weitere gute Sammelmöglichkeit sind Adressverzeichnisse im Internet. So gibt es zum Beispiel eine Liste aller FH Emailadressen im Internet, für jeden frei zugänglich. Adressen, die bei Gewinnspielen, Umfragen und für den Versand von Newslettern gesammelt werden, sind in der Regel keinem Dritten zugänglich. Bei vielen Online-Formularen kann man wählen, ob man Informationen per Email haben möchte. Immer wieder kann man aber nicht frei darüber entscheiden und muss zumindest die erste Mail abwarten, um sie danach wieder abzubestellen. [5]

3.1 Kauf der Adressen per CD-ROM

Besonders einfach an Adressen gelangen Spammer über den weit verbreiteten Adresshandel. Weil gültige E-Mail-Adressen einen gewissen Wert haben, hat sich ein reger Markt etabliert. Adressenverkäufer bieten gegen ein entsprechendes Entgeld, in Deutschland ungefähr für 100 Euro hundert Millionen E-Mail-Adressen in Form einer CD.Rom an, die direkt in ein entsprechendes Spam-Tool importiert werden können. Das ist aber nicht der einzige Weg, mit dem Spammer an Adressen gelangen. [6]

3.2 Brute Force-Methoden

Viel einfacher ist es für Spammer ist es, wenn sie sich der Brute Force-Methoden bedienen. Mit der Brute Force-Methoden sucht der Spammer mit Hilfe einer speziellen Software E-Mail-Adressen. Diese Tätigkeit wird Scanning oder auch Harvesting (englisch von "to harvest" = ernten) genannt. Scanning oder Harvestung wird brute Force genannt, weil sie mit brutaler (Rechen- und Bandbreiten-)Kraft vorgehen. Solche Methoden treten verstärkt auf, seit breitbandige Internetverbindungen zu geringen Kosten verfügbar sind. Harvesting- und Scanning-Tools suchen Newsgroups, Websites oder ganze Mailserver nach E-Mail-Adressen ab. Per Software lassen sich so etwa Quellcodes von Websites nach Adressen durchforsten. Durch den Klammeraffen (@) in und das mailto: vor jeder E-Mail-Adresse lassen sich die Adressen leicht aufspüren. [7]

---

[5] http://www.teltarif.de
[6] http://www.heise.de
[7] http://www.teltarif.de

3.3 Funktionsweise der Software

Mit spezieller Software können auch komplette SMTP-Server gescannt werden. SMTP steht für Simple Mail Transfer Protocol und ist die Sprache, in der die Mailserver miteinander kommunizieren. Gemäß SMTP-Standard meldet ein empfangender Server dem Sender, wenn er eine Mail nicht senden kann, weil die Adresse nicht existiert. Dabei werden über den Mailserver, der die Spams verschickt, einfach mehr oder minder systematisch gängige Kombinationen von üblichen Adressnamen (etwa info@xxx.de, webmaster@xxx.com) durchprobiert, um an gültige Adressen zu gelangen. Spammer können nun je nach Antwort des Servers schlussfolgern, ob eine angegebene E-Mail-Adresse gültig ist oder nicht. Diese Methode ist auch unter dem Namen "Dictionary-Attacke" bekannt. Nutzer, die sich wundern, dass sie Spam erhalten, obwohl sie ihre E-Mail-Adresse noch nie veröffentlicht haben, könnten Opfer einer solchen Brute Force-Methode geworden sein.[8]

4. Lösungsansätze für Spam- Problematik:

Es gibt zwei Lösungsansätze, die im wieder heftig diskutiert wurden.

A. Opt-Out Verfahren: Jeder, der keine Werbe-Mails erhalten will, muss sich in eine "Robinson"-Liste eintragen und die Versender müssen diese Liste beachten. Alle anderen Benutzer erhalten die Werbung. Oder der Benutzer fordert selbst vom Versender, zukünftig keine unverlangte Werbung zu schicken. [9]

B. Opt-In Verfahren: Unverlangte Werbe-Mail wird generell verboten. Das Verschicken von Werbung oder Massen-Mail ist nur zulässig, wenn sich der Empfänger in eine Mailing-Liste eingetragen hat, wo er sich auch jederzeit wieder austragen kann. Damit wäre gewährleistet, dass jeder, welcher Informationen oder Werbung über ein bestimmtes Produkt oder Thema wünscht, diese auch bekommt. Jeder andere bleibt davon verschont.[10]

---

[8] http://www.teltarif.de
[9] c't magazin für computer und Technik,2000
[10] Ebd.

Aus der Sicht eines Großteils der Netzbenutzer hat "Opt-In" eindeutige Vorteile:

- Der Versender verärgert niemand durch Belästigung.
- Mailing-Listen sind weit verbreitet und technisch erprobt.
- Der Versender braucht keine unnötigen Adressen sammeln.
- Minimaler Aufwand beim Versender, weil sich die Empfänger selbst eintragen.
- Der Benutzer kann selbst entscheiden, welche Werbung er erhält, und kann diese auch jederzeit wieder selbst abbestellen. [11]

Gegen Opt-In sprechen wohl nur die Interessen der Spammer.

Es gibt verschiedene Organisationen, die für eine klare Gesetzgebung kämpfen und sich für das Opt-In Verfahren aussprechen.

Eine davon ist die "Europäische Koalition gegen unerwünschte Werbe-Emails" (European Coalition Against Unsolicited Email - EuroCAUCE). Diese Organisation ist als CAUCE in Amerika entstanden.[12]

5. Schutzmöglichkeiten in der Praxis

5.1 Schutz vor unerwünschten Emails durch Email-Programme

Auch Email-Programme bieten heute viele Möglichkeiten Mails zu filtern. Ganz unproblematisch sind diese Filter allerdings nicht. So wurde Microsoft unlängst von der Firma "Blue Mountain Arts" verklagt. Diese Firma bietet elektronische Grußkarten an. Diese Grußkarten wurden nach Aussage von Blue Mountain durch den Filter in Outlook Express blockiert. Der Filter sucht dabei nach bestimmten Zeichen und Worten in Mails, um sie zu identifizieren. So stellen beispielsweise Ausrufezeichen, viele Links und Worte wie kostenlos oder Bargeld einen Hinweis auf Spam dar. Die derart identifizierte Mail wurden allerdings weder gelöscht noch abgewiesen, sondern in einem extra Ordner gespeichert. Microsoft verlor den Prozess und wurde verpflichtet dafür zu sorgen, dass die Mails von Blue Mountain auch ihren Empfänger erreichen. Daraufhin hat Microsoft sich entschlossen, den Filter in der neuen Outlook Express Version (in der Auslieferung des Internet Explorer 5 enthalten) zwar nicht zu entfernen, aber er muss jetzt vom Anwender selber aktiviert werden. [13]

---

[11] c't magazin für computer und Technik,2000
[12] Ebd. http://www.heise.de
[13] Unverlangte E-Mail-Werbung von Ralf Winter

5.2 Schutz vor unerwünschten Emails durch Eintrag in eRobinson-Liste

Ein weiteres Problem bei Filtern: Sind die Identifizierungskategorien einmal bekannt, lassen sie sich leicht austricksen.

Eine Alternative zu der Möglichkeit des Filtern der Mails durch entsprechende Email-Programme ist die Eintragung in eine eRobinson-Liste: Die Robinson-Liste wurde ursprünglich für Werbung per snailmail (Post) eingerichtet. Wer sich in diese Liste einträgt erhält keine Werbung mehr. Später wurde diese Liste auch für Fax-Werbung eingerichtet. ERobinson filtert aus Millionen von Email-Adressen, die sie zur Verfügung gestellt bekommen haben, die eigene Adresse heraus. Allerdings gilt diese Liste nur für Deutschland, die größte Flut von Werbeemails stammt aber nach wie vor aus den USA.[14]

5.3 Schutz vor unerwünschten Emails durch Spam-Filter

Viele kostenlose Anbieter von Email-Accounts bieten heute Spam-Filter an, mit ihnen kann man die Annahme von Mails bestimmter Adressen verweigert werden, bzw. die Mails werden direkt gelöscht.[15]

Beispiel: Die AntiSpam-Hotlist von GMX (Global Message Exchange)[16]

Antispam-Hotlist
Die Antispam-Hotlist stellt ein effizientes Werkzeug zur Vermeidung von - Schutz vor Werbmails aus großen Domains, Schutz vor Massenmails (Mailbomben), individueller Schutz vor unerwünschten Mails bestimmter Absender oder ganzer Domains dar. Zusätzlich geben Antispam Hotlisten die Möglichkeit unerwünscht erhaltene Werbemails (Spam/UCE) komplett und mit vollständigem(!) Mail-Header zur Auswertung zu schicken an **abuse@gmx.net** Es ist darauf hinzuweisen, dass es ausdrücklich verboten ist , unerwünscht erhaltene Mail-Anhänge mit gesetzeswidrigem Inhalt zu versenden oder weiterzuleiten. Wenden Sie sich in einem solchen Fall bitte an das für Sie zuständige Landeskriminalamt.

---

[14] Unverlangte E-Mail-Werbung von Ralf Winter
[15] Ebd.
[16] Bsp. Von www.gmx.de/

B Rechtlicher Hintergrund

Charakteristikum Werbung

Die E-Mail muss in ihrem Inhalt werbender Natur sein. Enthält der Inhalt nicht wenigstens entfernt Werbung, handelt es sich nicht um Unsolicited Commercial Email [17].

Charakteristikum unerwünscht

Der Begriff der unerwünschten Werbung ist laut Rechtsprechung folgendermaßen definiert: Werbung immer dann unerwünscht, wenn sie außerhalb einer bestehenden Geschäftsbeziehung versandt wird und keine Zustimmung des Empfängers vorlag oder zu mutmaßen war. In der Praxis sind die Einwilligung des Empfängers in künftige Werbesendungen häufig über nebulöse AGB zum Beispiel bei Preisausschreiben oder Foren-Registrierungen erschlichen. Das gemutmaßte Interesse des Empfängers soll es dem Absender ermöglichen, Geschäfte anzubahnen: Es liegt im legitimen Interesse eines Unternehmers, neue Kunden gewinnen zu wollen. Allerdings setzt die Rechtsprechung strenge Maßstäbe an das gemutmaßte Interesse, um es nicht zu einem Freibrief für unlautere Versender von Werbe-E-Mails verkommen zu lassen. [18]

Die Begründung für die Mutmaßung muss individuell, also für jeden Empfänger, schlüssig vorgetragen werden. Der Absender der Werbung ist dabei beweispflichtig. Insofern trifft ihn eine Beweislastumkehr.[19]

1. Ist die unverlangte Zusendung von Werbe-E-Mails in der EU rechtlich zulässig?

Nein. Innerhalb der EU ist das verschicken von Werbe-Mails ohne vorherigen geschäftlichen Kontakt zwischen den Parteien nicht zulässig. Dabei spielt es keine Rolle, ob die Zusendungen an Privatpersonen oder Gewerbetreibende gingen oder für welchen kommerziellen Zweck in den Mails geworben wird.[20]

---

[17] http://www.lexikon-definition.de/
[18] Ebd.
[19] Ebd.
[20] http://www.ra-doerre.de

2. Gibt es in der EU rechtliche Grundlagen gegen Spam?

Einen ersten Schritt für den Schutz vor Spam hat die Europäische Kommission im Jahr 2002 mit der Verabschiedung der Datenschutzrichtlinie für die elektronische Kommunikation unternommen. Elektronisch versandte Werbung wird gemäß Artikel 13 der Richtlinie nur noch mit vorheriger Einwilligung der Teilnehmer zulässig Dies entspricht dem bereits erwähnten Opt-in-Verfahren.[21]

2.1 Europäischen Datenschutzrichtlinie

„Die Verwertung von [...] elektronischer Post für die Zwecke der Drittverwendung darf nur bei vorheriger Einwilligung der Teilnehmer gestattet werden"[22].
Die konkrete Umsetzung in das jeweilige nationale Recht ist in den jeweiligen Ländern unterschiedlich.

3. Gibt es in Deutschland ein eigenes Gesetz gegen Spam?

In Deutschland werden das E-Mail-Marketing das Spam-Urteil des Bundesgerichtshofs vom 11.März 2004 sowie durch die der Reform des Wettbewerbsrechts (UWG) geregelt Durch die eindeutige Festlegung des Gesetzgebers und der Gerichte auf das "Opt-In-Prinzip" ist die Rechtlage auch für die Betreiber von E-Mail-Marketing nunmehr eindeutig geregelt.[23]
Das bedeutet, dass in Deutschland aus unerwünschter E-Mail-Werbung sowohl ein wettbewerbsrechtlicher als auch ein privatrechtlicher Unterlassungsanspruch des Empfängers an den Versender erwachsen kann . Es ist dabei unerheblich ob und wie häufig der Spammer schon spammte: Ein Unterlassungsanspruch entsteht ab der ersten E-Mail.[24]

---

[21] http://www.recht-im-internet.de/
[22] Art 13 I EU-Datenschutzrichtlinie vom 12. Juli 2002
[23] http://www.recht-im-internet.de/
[24] http://www.ra-doerre.de

3.1 Unternehmer/ Nicht-Verbraucher

Nach ständiger Rechtsprechung der Instanzgerichte und seit März 2004 auch des Bundesgerichtshofs ist eine Zusendung von unerwünschten Werbe-E-Mails nach den gleichen Grundsätzen sitten- und damit wettbewerbswidrig, die schon auf die Werbung per Telex, Telefax und Telefon angenommen wurden. Demzufolge ist es dem Empfänger nicht zuzumuten, Werbung, in deren Empfang er nicht eingewilligt hat, tolerieren zu müssen, wenn dadurch auf Seiten des Empfängers Kosten und/oder eine sonstige Störung entstehen. Des weiteren regelt das neue UWG die Ansprüche, die an E-Mail-Werbung gestellt werden, damit sie wettbewerbsrechtlich einwandfrei ist. Dazu gehört insbesondere, dass der Empfänger in die Zusendung von Werbung per E-Mail vorher eingewilligt hat.[25]

3.1.2 Spam- Urteil des Bundesgerichtshofs vom 11.März 2004

Der I. Zivilsenat des Bundesgerichtshofs am 18. Dezember 2003 durch den Vorsitzenden Richter Prof. Dr. Ullmann und die Richter Prof. Dr. Bornkamm, Dr. Büscher, Dr. Schaffert und Dr. Bergmann das Urteil des Bundesgerichtshofs vom . 11. März 2004 - I ZR 81/01 - OLG München LG München I als Recht bekundet.

In der Begründung erklären die angeführten Richter, dass die

„[..] unbestellte Versendung des von der Beklagten herausgegebenen Rundschreibens [...] unter dem Gesichtspunkt der Belästigung gegen § 1 UWG und auch gegen § 823 Abs. 1 BGB [verstoße]. Erst recht gelte dies, wenn die Beklagte gegen den ausdrücklichen Widerspruch des Empfängers mit dem Versand fortfahre. Allerdings setze § 1 UWG die Kenntnis der die Sittenwidrigkeit des Verhaltens begründenden Umstände und § 823 Abs. 1 BGB ein Verschulden voraus."[26]

Desweiteren spricht dieses Urteil die Nachweispflicht für eine Erlaubnis für das zusenden von Spam an. Die Nachweispflicht trifft demzufolge dem Versender der Werbe-E-Mail. Um diese Nachweispflicht genügen zu können, empfiehlt es sich, den Nutzer die Anmeldung für einen Newsletter noch einmal ausdrücklich im Rahmen einer zweiten E-Mail bestätigen zu lassen ("Double Opt-In").[27] Confirmation-Mail genügen vor Gericht als Nachweis nicht.

---

[25] http://www.lexikon-definition.de
[26] Urteil des Bundesgerichtshofs vom . 11. März 2004 - I ZR 81/01 - OLG München LG München I
[27] Ebd.

3.1.2 Novellierung des Gesetzes gegen unlauteren Wettbewerb (UWG)

Die UWG-Novelle führt E-Mail-Werbung als Beispiel unlauterer Werbung ausdrücklich auf.

Dort heißt es: "Unlauter im Sinne von §3 handelt insbesondere, wer (...) einen Marktteilnehmer in unzumutbarer Weise belästigt, insbesondere durch (...) die Verwendung von automatischen Anrufmaschinen, Faxgeräten oder elektronischer Post für Zwecke der Werbung, ohne dass ein ausdrückliches oder stillschweigendes Einverständnis der Adressaten vorliegt."[28]

Ebenfalls strafbar macht sich, wer seine Absenderadresse verschleiert oder verheimlicht oder keine gültige Adresse vorweist, an die der Empfänger eine Aufforderung zur Einstellung solcher Nachrichten richten kann. Seit April 2004 darf damit auch in Deutschland E-Mail-Werbung nur noch mit vorheriger Zustimmung des Empfängers verschickt werden. Gewinne, die unter Umgehung dieser Bestimmung erzielt werden, können dann bei den Spammern eingezogen werden. Im Übrigen gilt UWG nur für Mitbewerber, Interessenverbände von Marktteilnehmern.[29]

3.1.2.1 Unterlassungsansprüche aus dem UWG §13 UWG

Unterlassungsansprüche aus dem UWG stehen nur Wettbewerbern des Spammers zu. Jedoch muss gesagt werden, dass der Begriff Wettbewerbe weit ausgelegt wird. Dafür wirkt laut §13 UWG ein wettbewerbsrechtlicher Unterlassungsanspruch auf den gesamten geschäftlichen Verkehr. Der Spammer darf also auch keinem Dritten mehr unerwünschte Werbung zusenden. Würde er dabei erwischt, droht ihm die Zahlung eines Ordnungsgeldes an die Staatskasse oder sogar Ordnungshaft.[30]

3.2 Verbraucher

Weniger umfassend, dafür individuell schützend und ohne Wettbewerber-Position lässt sich auch aus dem allgemeinen Haftungsrecht für jeden einzelnen Verbraucher ein Unterlassungsanspruch gegenüber dem Spammer herleiten.[31]

---

[28] §3 Gesetzes gegen unlauteren Wettbewerb 2004
[29] http://www.recht-im-internet.de
[30] http://www.ra-doerre.de
[31] http://www.teltarif.de

3.2.1 Unterlassungsanspruch nach §§ 1004 analog und 823 Abs. 1 BGB

Aus dem allgemeinen Haftungsrecht lässt sich ein Unterlassungsanspruch gegenüber dem Spammer aus §§ 1004 analog und 823 Abs. 1 BGB herleiten.

Für den Verbraucher wird also eine Abmahnung aufgrund der Verletzung der allgemeine Persönlichkeitsrecht, das sich aus dem Grundgesetz herleitet, gestellt. Auf grund der verletzten Persönlichkeitsrechte kann dann §§ 1004 analog und 823 Abs. 1 BGB angewendet werden.[32]

3.2.2 Wie sieht das rechtliche Vorgehen gegen Spamer bei Verbrauchern in der Praxis aus?

Der geschädigte Verbraucher sendet dem Versender einer Spam-Mail eine Abmahnung. Darin wird er über die rechtliche Sachlage informiert und unter Fristsetzung zur Abgabe einer strafbewehrten Unterlassungserklärung aufgefordert. In einer solchen Erklärung verpflichtet sich der Unterzeichner privatrechtlich ein gewisses Verhalten, hier die Belästigung mit Werbe-Mails, zu unterlassen und im Falle eines Verstoßes gegen diese Erklärung eine Strafzahlung (meist in Höhe von rund 5.000 EUR) zu leisten. Darüber hinaus kann man unter datenschutzrechtlichen Aspekten auch Auskunft über Herkunft und Weitergabe der von dem Spammer gespeicherten personenbezogenen Daten (E-Mail-Adresse, Namen, Adresse) verlangen.[33]

4. Gesetzentwurf (Anti-Spam-Gesetz)der Fraktionen SPD und BÜNDNIS 90/DIE GRÜNEN

Am 18. April 2005 fand eine öffentliche Anhörung des Ausschusses für Wirtschaft und Arbeitstatt. unter anderem diskutierter dieser Ausschuss über den Entwurf der SPD und Bündnis Grünen über den Gesetzentwurf des Anti- Spam- Gesetzes. Das Anti- Spam Gesetzt verfolgt das Ziel den Versender großer Mengen elektronischer Post zu Marketing-Zwecken abzuschrecken. Unter anderem soll erreicht werden, dass der kommerzielle Charakter einer Nachricht weder verschleiert noch verheimlicht werden darf. Verstöße sollen mit Geldbußen von bis zu 50.000 Euro geahndet werden können[34]

---

[32] http.//www.ra-doerre.de
[33] http://www.heise.de
[34] http://www.ra-kotz.de/antispamgesetz.htm; PDF Download Gesetzesentwurd

Literaturverzeichnis

Internetangaben:

- http://www.heise.de/newsticker/meldung/42316 Zugriff 26.05.2005
- http://www.einslive.de/daswort/derservice/multimedia/viren_und_spam/anti-spam-gesetz/index.phtml Zugriff 06.06.2005
- http://www.ra-kotz.de/antispamgesetz.htm Download Anti-Spam-Gesetz Zugriff 13.06.2005
- http://www.ra-doerre.de/spam/index.htm Zugriff 06.06.2005
- http://www.teltarif.de/search/search.html?words=Spam&page=2 Zugriff 06.06.2005
- http://www.lexikon-definition.de/UCE.html#Rechtslage Zugriff 06.06.2005 von Joerg Heidrich Artikel vom Juli 2004
- http://www.VortragWehrmann.pdf Vortrag von Achim Wehrmann für die Deutsche Telekom am 19.09.2003
- www.JurPC pdf „Unverlangte E-Mail-Werbung: Gedanken zur Wiederholungsgefahr" von Ralf Winter Juni 2002

Subject: Ecommerce

Fachbereich Wirtschaft

Spam and the
juridical background

Closing date: 29.06.2005

Day of report: 29.06.2005

University of applied sciences Eberswalde

Faculty business administration 6.smester

Major Field of study Controlling

Nadin Schäfer

Fachhochschule
Eberswalde

Index of contents

A Interesting facts about Spam

1 What's Spam?

One understands by Spam unsolicited blocked e-mails. This definition was given by of the committee of the European communities. The name "Spam" is borrowed from the tinned meat SPAM (Spiced Porc and Ham) of company Hormel Foods. For the first time Spam appeared in the form of emails or contributions (Postings) in the Usenet. With emails one also speaks Junk mails ("Junk" = worthless dung), because this news has as a rule only low content or aesthetic value. One distinguishes Spam as e-mail in two kinds:

1.1 Unsolicited Commercial Email (UCE)

One speaks of Unsolicited Commercial email if the email shows an unsolicited commercial advertisement.

1.2 Unsolicited Bulk Email (UBE)

One speaks of Unsolicited Bulk email if the email an unsolicited mass mail shows Junk mail or mass mails are z. B chain letters, pyramid plays, structural distribution including multilevel marketing (MLM), other " becoming you quickly richly " systems., advertisement for pornography or offers for the mailing of UCE or also the mass transmissions which generate worms and Trojans.

2. Why is Spam a problem?

The danger of advertising emails just consists in the fact that a not controllable number of persons sends emails to a (unclear) number of receivers what in the cooperation to the interferences the receiver leads. The mailing of news became in large quantities easy and cheap and thereby to a serious problem. The problem thereby results out of a rising net load. The net load exists restricted. The result of the rising net load is that the receiver has an additionally load. The sorting out the advertisement causes superfluous work, and who downloads his email by modem, pays for it still connecting fees.

3. Where from Spammer get her addresses?

The main source for Spammer is still the Usenet (newsgroups). Automatically the spammers are able to scanned newsgroups after addresses. This technology was expanded, in the meantime, also on quite normal web pages. An other good possibility for collective addresses are address lists on the Internet. Thus there is, for example, a list of all email addresses FH on the Internet, for everybody freely accessibly. The addresses which are collected with lotteries, surveys and for the dispatch by news characters are accessible as a rule to no third. With many on-line forms one can choose whether one liked to have information by email. However, over and over again one cannot decide freely on it and must wait at least for the first mail to cancel them afterwards again.

3.1 Purchase of the addresses by CD-ROM

Especially simply in addresses there reach Spammer about widespread address trade. Because valid e-mail addresses have a certain value, an active market has set up. Addressing salesclerks offer against a suitable Entgeld, in Germany about for 100 euros of hundred million e-mail addresses in form of a CD.Rom which can be imported directly in a suitable Spam tool. However, this is not the only way with which Spammer reach in addresses.

3.2 Brute Force-Methoden

It is much more simply for Spammer it is if they use the Brute Force methods. With the Brute Force methods the Spammer searches e-mail addresses with the help of special software. This activity are called harvest Scanning or also Harvesting. Scanning or Harvestung is called brute Force because they go forward with crude strength. (rake and ranges) Such methods appear more often since Internet with more ranges connections with low costs are available. Harvesting-and Scanning tools search newsgroups, websites or whole mail servers for e-mail addresses. By software source codes can be thinned out so possibly by websites after addresses. By the at symbol @ and this mail to before every e-mail address the addresses can be easily tracked down.

3.3 Functional way of the software

With special software complete SMTP servers can be also scanned. SMTP stands for simple mail transfer Protocol and is the language into which mail servers communicate with each other. According to SMTP standard a conceiving server announces to the transmitter if he cannot send a mail because the address does not exist. With the help of the mail server which sends the Spams, simply more or less systematically current combinations of usual address names (possibly info@xxx.de, webmaster@xxx.com) will be try to reach to valid addresses. This method is also known under the name "Dictionary attack". The users who surprise that they receive Spam, although they have never published her e-mail address, could have become victim of such a Brute Force method.

4. Solution attempts for Spam-problems:

There are two solution attempts which were discussed.

A Opt out procedure: Everybody which wants to receive no advertising mails must sign up on a "Robinson" list and the senders must follow this list. All the other users receive the advertisement. Or the user demands himself of the sender to send in future no unsolicited advertisement.

B Opt-In procedures: Unsolicited advertising mail is forbidden in general. The dispatch of advertisement or mass mail is only allowed if the receiver has signed up on a mailing list where he can also sign out any time again. With it would be guaranteed that everybody which information or advertisement about a certain product or subject wishes also gets this. Every other remains spared of it.

From the point of a large part of the net users "Opt-In" has unequivocal advantages:

- The sender annoys nobody by nuisance.
- Mailing lists are widespread and tested technically.
- The sender needs no unnecessary addresses collect.
- Minimum expenditure with the sender because the receivers themselves sign up.
- The user can decide himself which advertisement he receives, and this can also cancel any time again itself.

Against Opt-In only the interests of the Spammer probably speak. There are different organizations, which fight for a clear legislation and express themselves for the Opt-In procedures. One is of it the " European coalition against undesirable advertising emails " (European Coalition Against Unsolicited email - EuroCAUCE). This organization was developed as a CAUCE in America.

5. Protective possibilities in practice
5.1 Protection before undesirable emails by email programs

Today also email programs offer many possibilities to filter mails. These filters, however, are not quite unproblematic. Thus company „Blue Mountain Arts recently sued Microsoft. This company offers electronic greetings cards. These greetings cards were blocked after statement by Blue Mountain by the filter in Outlook express train. Besides, of the filters looks for certain signs and words in mails to identify them. Thus, for instance, exclamation points, many links and words as free of charge or cash show a tip to Spam. However, the so identified mail were neither extinguished nor were turned down, but stored in a specially folder. Microsoft lost the process and was obliged to provide for the fact that the mails from Blue Mountain also reach her receiver. As a result Microsoft has decided which filters contain in the new Outlook express train version (in the delivery of the Internet Explorer 5), indeed, not to remove, but now he must be activated by the user himself.

5.2 Protection before undesirable emails by entry in eRobinson list

Another problem by filters: If the identification categories are known once, they can be easily tricked. An alternative to the possibility of the filters of the mails by suitable email programs is the registration in an eRobinson list: Robinson-Liste was furnished originally for advertisement by snailmail (post). Who signs up in this list no advertisement receives. Later this list was also furnished for fax advertisement. ERobinson filters out from millions of email addresses which they have got made available, own address. One must note that this list counts only to Germany. However, the biggest flood of advertising emails still comes from the USA. guilty

5.3 Protection before undesirable emails by Spam filter

Today many free suppliers of email accounts offer Spam filter, with them one can be refused the acceptance by mails of certain addresses, or the mails are extinguished directly.

Example: The AntiSpam-Hotlist of GMX (Worldwide message Exchange)

Antispam-Hotlist [35]

The Antispam-Hotlist shows efficient tools to the avoidance from protection from Werbmails from big Domains and to protection from mass mails (mail bombs), individual protection before undesirable mails of certain senders or whole Domains In addition, Antispam Hotlisten give the possibility unwanted preserved advertising mails (Spam/UCE) completely and with entire (!) Mail-Header for the evaluation send in abuse@gmx.net. It is to be pointed out to the fact that it is expressly forbade to dispatch unwanted preserved mail appendices with illegal contents or to pass on.. Turn in such a case please to the land criminal office, which is responsible for you..

---

[35] www.gmx.de

B Juridical background

Characteristic feature for advertisement

E-mail must be in her contents of advertising nature. If the content does not contain at least advertisement removes, one does not speaks of Unsolicited Commercial email.[36]

Characteristic feature: unwanted

The concept of the undesirable advertisement is defined according to administration of justice as follows: Advertisement is always unwanted when it is dispatched beyond an existing business connection and no approval of the receiver was given or was to be presumed. In practice one gets the approval of the receiver often with the help of vague Terms and Conditions, for example, with competition or forum registrations. The presumed interest of the receiver should make it possible for the sender to initiate a business connection: The enterpriser has a legitimate interest of winning new customers. Indeed, the administration of justice puts strength graduations to the presumed interest. The reason therefore is the wish of administration of justice to protect the user against free letter of unfair senders of advertising e-mails.

The arguments for the presumed interest of the receiver must be reported individually, that means for every receiver in a conclusive way. Besides, the sender of the advertisement is liable to proof. In this aspect a burden of proof return meets him.

1 Is the unsolicited sending of advertising e-mails juridically allowed in EU?

No. Within the EU it is not allowed to send advertising mails without previous business contact between the parties allowed. Besides, it plays no role whether the sendings went to private individuals , businessman or to which commercial purpose is won over in the mails.

---

[36] http://www.lexikon-definition.de/UCE.html#Rechtslage

2. Are there in the EU juridical bases against Spam??

The European committee has took the first step for the protection against Spam in 2002 with the discharge of the data protection guideline for the electronic communication. Electronically sent advertisement becomes according to article 13 of the guideline only with previous approval of the participants allowed. This procedure corresponds to the already mentioned Opt in.

2.1 European data protection guideline

"The utilization from [...] of electronic post for the purposes of the third use may be permitted only with previous approval of the participants ". The concrete conversion into the respective national right is different in the respective lands.

3. Is there in Germany an own law against Spam?

In Germany regulated the e-mail marketing is regulated the help of Spam judgment of court of justice from the 11th March, 2004 as well as by of the reform of the competitive right (UWG). Now the legal position is unambiguously regulated by the unequivocal definition of the legislator and the courts. They decided that for the operators of e-mail marketing have to use the " Opt In of principle ".37 This means that in Germany the receive of an undesirable e-mail advertisement can arise an omission claim under the competitive-juridical law as well as under private law. Besides, it is unimportant whether and how often the UCE writer has already dispatched. An omission claim originates from the first e-mail.

---

[37] http://www.recht-im-internet.de/themen/spam/rechtslage.htm von Joerg Heidrich Artikel vom Juli 2004

Page 7

3.1 Enterpriser/ Not consumer

After constant administration of justice of the authority courts and since March, 2004 also of the court of justice a sending of undesirable advertising e-mails is competitive-contrary after the same customs principles and with it which were already accepted on the advertisement on telex, fax and phone. Therefore it is not to be expected of the receiver that he or she tolerate advertisement to whose receipt he has not agreed. Especially if advertisement, he or she has not agreed to, create on the part of the receiver's costs and/or other disturbance. Furthermore the new UWG regulates the claims out of e-mail advertisement. Therefore at first it is necessary that the receiver agreed to the sending of advertisement by e-mail.

3.1.2 Spam-judgment of the court of justice from the 11th March, 2004

I. Civil senate of the court of justice on the 18th December, 2003 by chairperson judge Prof. Dr. Ullmann and the judges Prof. Dr. Bornkamm, Dr. Büscher, Dr. Schaffert and Dr. Bergmann decided the judgment of the court of justice from. 11th March, 2004 - I ZR 81/01 - Munich OLG LG Munich as a right states.

The arguments of the judges were that " [.] unordered sending of the circular published by the defendants [...] [disowns] paragraph 1 Civil Code under the point of view of the nuisance acts against §1 UWG and also against §823. Of course this is also guilty when the defendant sends unordered mails again and again, although the receiver gives an explicit contradiction of the receiver. But one have to say that §1 UWG say, that the knowledge of the custom adversity of the behaviour to founding circumstances and §823 paragraph 1 Civil Code fix as a condition a fault ahead."38
In addition, this judgment fixed the proof duty for permission for the send of Spam. In according to the judgement the sender of advertising e-mail has the duty to proof to meet these expectation of the status "proof", it is advisable to let confirm the user the registration for a news character once again expressly within the scope of the second e-mail ("Opt-In "). Confirmation mails are not sufficient in court as a proof. So it is advisable to use the Double –Opt –In procedure.

---

38 Urteil des Bundesgerichtshofs vom . 11. März 2004 - I ZR 81/01 - OLG München LG München I

3.1.2 Amendment of the law against unfair competition (UWG)

The UWG novella performs e-mail advertisement as an example of unfair advertisement expressly.

There one says: " Unfairly for the purposes of §3 acts in particular acts , who bothered (...) a market participant in unreasonable way, in particular by (...) the use of automatic phone call machines, fax machines or electronic post for the purposes of the advertisement, without an explicit or silent consent of the addressees ." Likewise punishable comes along who conceals his sender's address veiled or shows or no valid address in which the receiver can direct a request on the setting of such news. Since April, 2004 e-mail advertisement may be sent with it also in Germany only with previous approval of the receiver. Then the profits which are achieved under avoidance of this regulation can be drawn with the Spammern. By the way the UWG is only guilty for competitor and pressure groups of market participants.

3.1.2.1 Omission claims from the UWG §13 UWG

Omission claims from the UWG are entitled only to competitors of the Spammers. However, it must be said that the concept Competitions is far laid out. For it works loudly §13 UWG a competitive-juridical omission claims to the whole business traffic. The Spammer is not allowed to send a third person more undesirable advertisement. If the spammer send undesired advertisement nevertheless to a third person, the spammer have to expect a payment of ordinal money to the treasury or even ordinal custody.

3.2 consumer

Less extensively, for it individually protecting and without competitor's position an omission claim can be also derived from the general liability right for every single consumer towards the person, who writes the spams.

3.2.1 Omission claim after §§1004 analogously and 823 paragraphs 1 Civil Code

From the general liability right an omission claim can be derived compared with the Spammer from §§1004 analogously and 823 paragraphs 1 Civil Code. The consumer has the right on the base the injury general personality right to send a caution to the spammer. The injury general personality right it is derived from the basic law. Because of the injured personality rights Civil Code one can applied on §§1004 analogously and 823 paragraphs 1.

3.2.2 How does the juridical action against Spammer look to consumers in practice?

The injured consumer sends a caution to the sender of a Spam mail. In it he informed about the juridical state of affairs and requested under term settlement to the delivery of a penal-reinforced omission explanation. In such an explanation the signatory undertakes under private law a certain behaviour to omit here from the nuisance with advertising mails, and to perform a penal payment (mostly at the rate of about 5,000 EUR) in case of an offence against this explanation In addition, one can require under data protection-juridical aspects also information about origin and passing on of the personal data stored by the Spammer (e-mail address, name, address).

4.Draft (Anti Spam law) of the factions SPD and ALLIANCE 90 / THE GREENS

On the 18th April, 2005 a public hearing of the committee took place for economy and work. Among the rest, more discussed this committee about the draft of SPD and alliance Green about the draft of the Anti Spam of law The Anti-Spam pursues sedately the purpose to deter the sender of large amounts of electronic post for marketing purposes. Among the rest, it should be reached that the commercial character of news may be neither veiled, nor be concealed. Offence should be able to be avenged with fines from up to 50,000 euros

Bibliographical reference

Internet:

- http://www.heise.de/newsticker/meldung/42316 Zugriff 26.05.2005
- http://www.einslive.de/daswort/derservice/multimedia/viren_und_spam/anti-spam-gesetz/index.phtml Zugriff 06.06.2005
- http://www.ra-kotz.de/antispamgesetz.htm Download Anti-Spam-Gesetz Zugriff 13.06.2005
- http://www.ra-doerre.de/spam/index.htm Zugriff 06.06.2005
- http://www.teltarif.de/search/search.html?words=Spam&page=2 Zugriff 06.06.2005
- http://www.lexikon-definition.de/UCE.html#Rechtslage Zugriff 06.06.2005 von Joerg Heidrich Artikel vom Juli 2004
- http://www.VortragWehrmann.pdf Vortrag von Achim Wehrmann für die Deutsche Telekom am 19.09.2003
- www.JurPC pdf „Unverlangte E-Mail-Werbung: Gedanken zur Wiederholungsgefahr" von Ralf Winter Juni 2002